Zum Andenken
an das
Pfingstlager 1989

Jochen Meyr

D1664912

Pat Mallet

Wie das Leben so spielt

Cartoons

Fischer Taschenbuch Verlag

Ungekürzte Ausgabe
Veröffentlicht im Fischer Taschenbuch Verlag GmbH,
Frankfurt am Main, Januar 1989

Lizenzausgabe mit freundlicher Genehmigung
der S. Fischer Verlag GmbH, Frankfurt am Main
© 1983 Pat Mallet/IFS Brüssel
Copyright für die deutsche Ausgabe:
© 1983 S. Fischer Verlag GmbH, Frankfurt am Main
Umschlaggestaltung unter Verwendung einer
Zeichnung von Pat Mallet: Rambow, Lienemeyer, van de Sand
Reproduktion: IFS Brüssel
Druck und Bindung: Clausen & Bosse, Leck
Printed in Germany
ISBN-3-596-28314-0

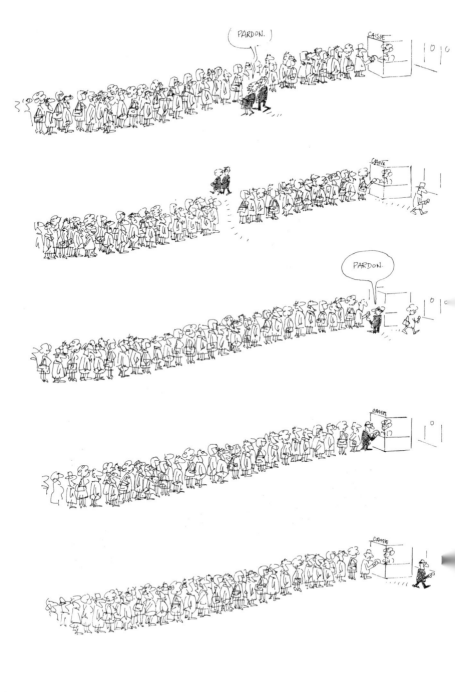

DRÏING!

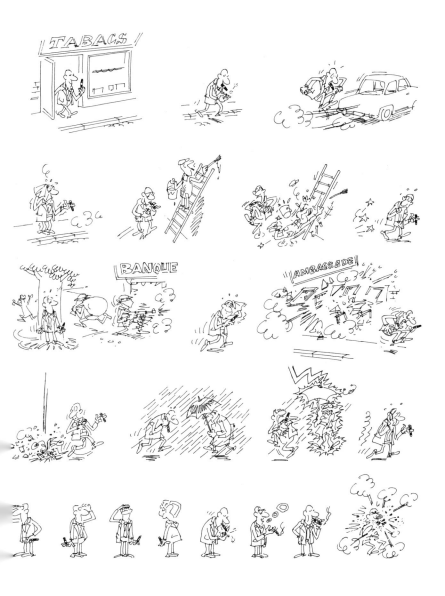

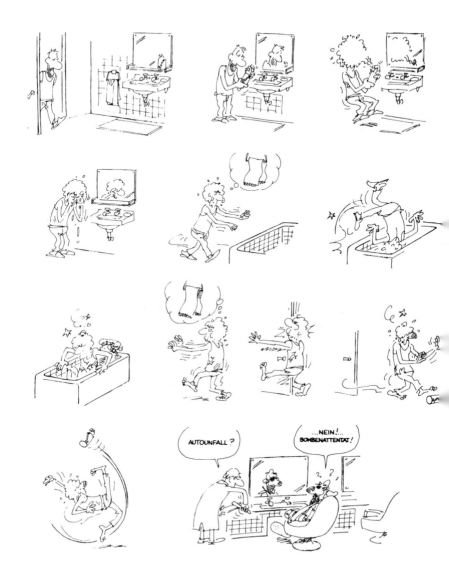

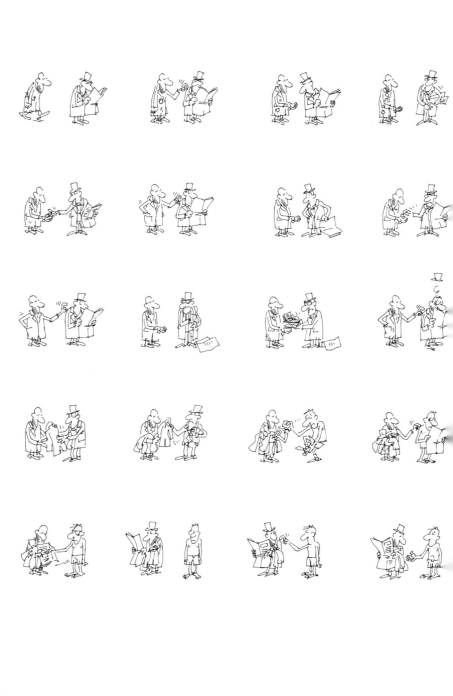

XX.
T

XX.
TIE

XX. KONGRESS DES KLUBS DER
TIERFREUNDE

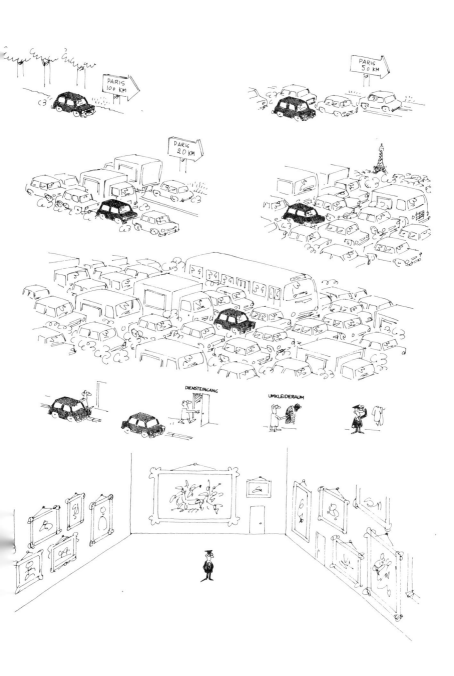

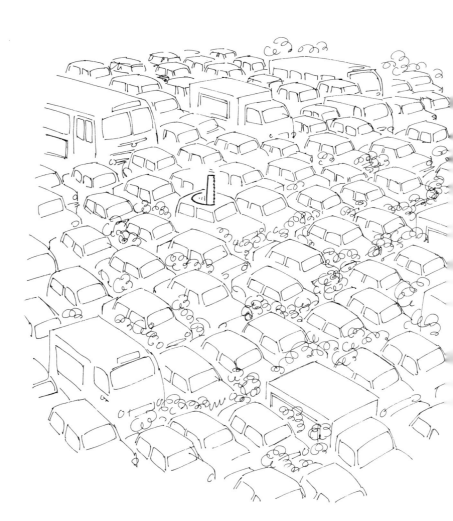

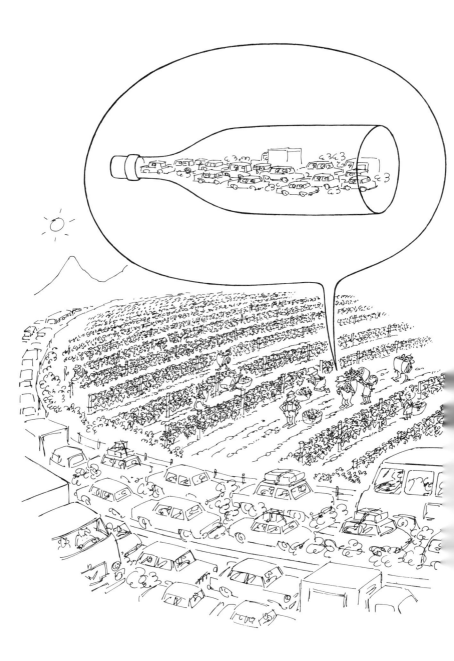

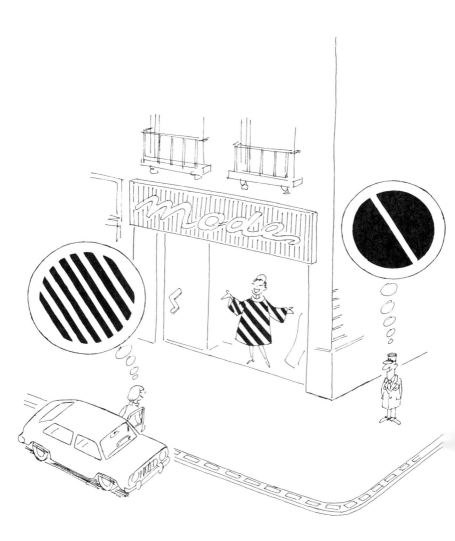

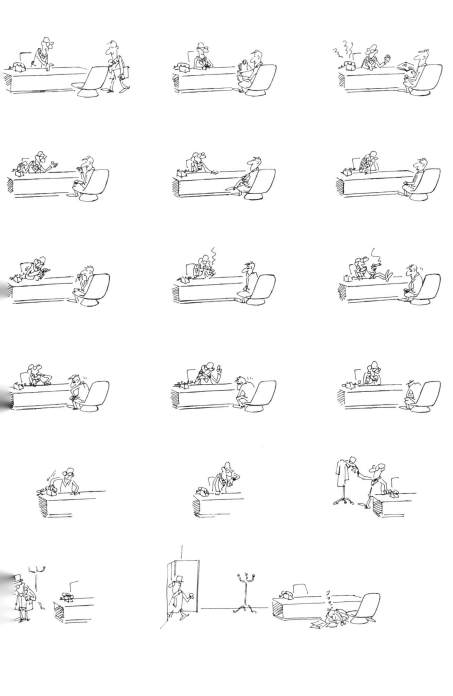

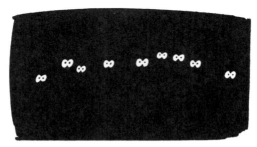

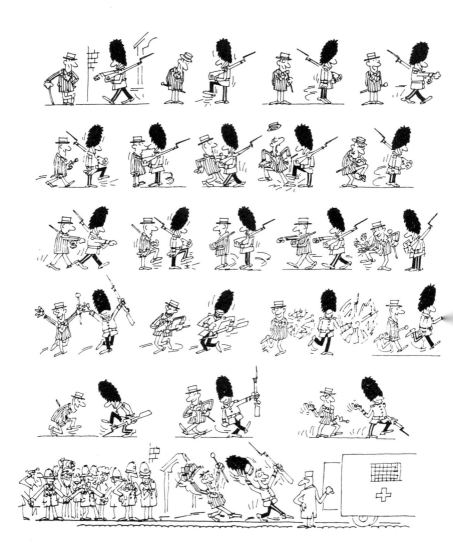

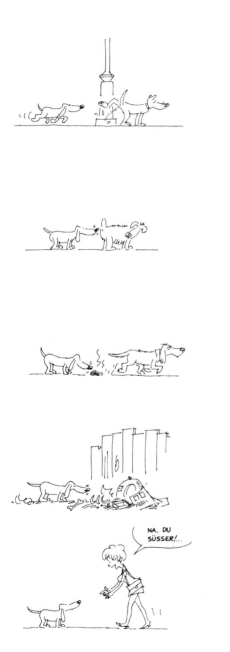

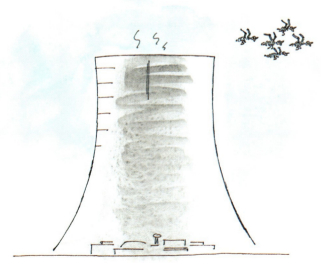

IHR SEHT ABER NICHT GUT AUS! WIR SOLLTEN WEITERSCHWIMMEN!

WOHIN DENN NOCH?!

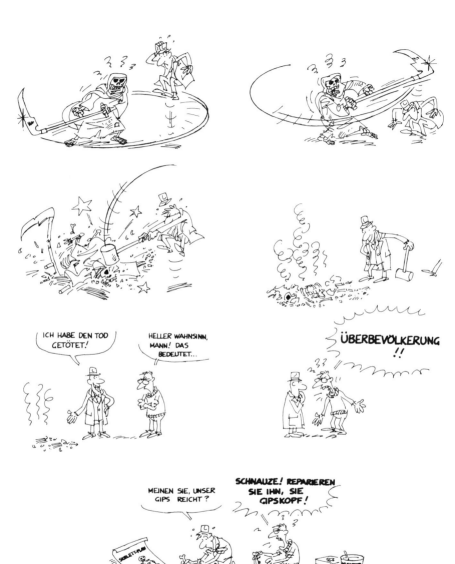

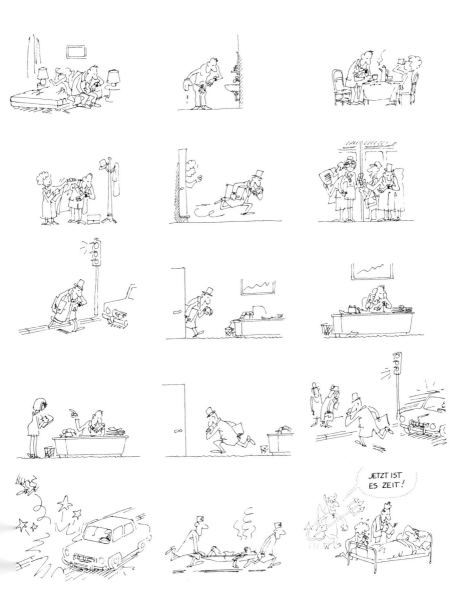

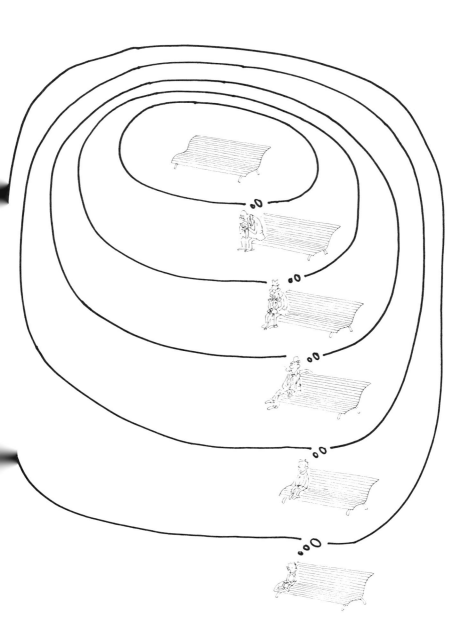

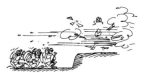